L'HOTEL & LE MUSÉE

DE

LA MONNAIE

PAR

Fernand MAZEROLLE

Conservateur du Musée de la Monnaie

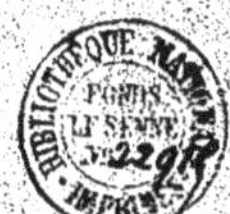

NUMÉRO SPÉCIAL DE " BEAUX-ARTS "

Revue d'information artistique

39 Illustrations et 1 Planche hors texte

Paris, 106, B^d St-Germain   Prix du Numéro : 4 frs

BEAUX-ARTS
REVUE D' INFORMATION
· ARTISTIQUE ·

L'HOTEL DES MONNAIES DE PARIS

Sa construction.

L'Hôtel des Monnaies de Paris est un des rares exemples d'un bâtiment édifié sous l'ancien régime pour un service déterminé, qui nous ait été conservé

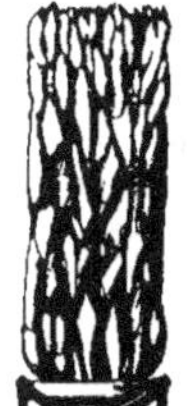

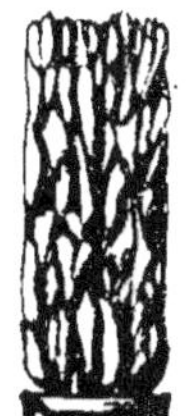

pées que dans son Palais, dans l'île de la Cité ; le motif on le devine sans peine, faciliter le contrôle de la fabrication monétaire.

Puis, à une époque indéterminée, l'officine monétaire fut établie dans le quartier du Marais, rue de la Bretonnerie, emplacement qu'elle quitta dès le XIIIe siècle pour venir rue de la Vieille Monnaie, dans le quartier Saint-Jacques de la Boucherie.

Dès la fin du XIVe siècle, la Monnaie déménageait à nouveau et s'installait, mais pour un long bail cette fois, de quatre siècles, dans le quartier du Louvre, rue de la Monnaie actuelle ; mais dès le XVIIe siècle, les bâtiments étaient devenus insuffisants et Louis XIII dut en transférer, provisoirement, certains services au Louvre, lorsqu'il fit procéder, sous la direction du célèbre graveur Jean Varin, à la grande refonte des monnaies et à la frappe au balancier des nouveaux louis d'or et des nouveaux écus d'argent ; ce n'est qu'à la fin du règne de Louis XV qu'elle devait quitter ses « trous » et « nids à rats » comme dit l'historien Sauval et traverser la Seine pour s'établir quai de Conti, dans un nouvel hôtel construit sur l'emplacement de l'Hôtel de Conti (1767).

L'Hôtel des Monnaies en 1779, grav. de Thomas Vivarès.

presque intact et dont la destination primitive ait été maintenue [1].

L'hôtel actuel comprend tout à la fois la fabrication des monnaies et la fabrication des médailles, qui ne furent réunies qu'en 1832. Auparavant ces deux genres de fabrication constituaient deux organismes autonomes, dépendant, l'un du service des finances de l'État, l'autre de la Maison du Souverain.

Un capitulaire de Charlemagne assigna, en 805, à l'Hôtel des Monnaies, son premier logement officiel, il ordonna que toutes ses monnaies ne seraient frap-

1. Pour tous les renseignements concernant la construction de l'Hôtel des Monnaies et pour la description des bâtiments, l'auteur renvoie au volume qu'il a publié en 1907 : *L'Hôtel des Monnaies*, chez H. Laurens (Collection des *Grandes Institutions de France*).

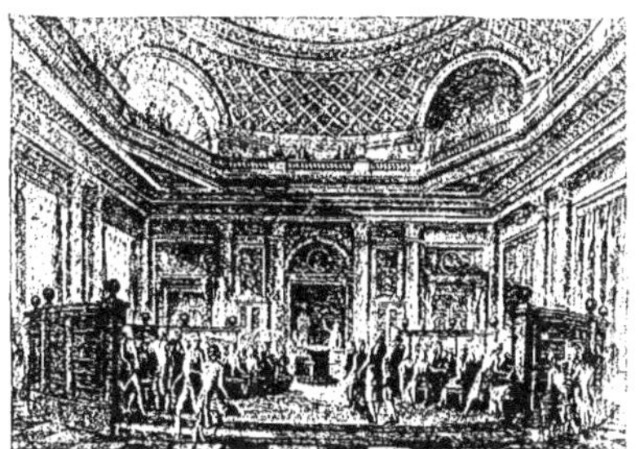

Un cours de l'École royale des Mines au XVIIIe siècle, dans la grande salle du Musée, grav. de Néc.

Sur cet emplacement se sont succédé, au cours des âges, des demeures célèbres. Ici s'élevait au Moyen Age, l'hôtel de Nesle, le *Grand Nesle*, ou hôtel proprement dit avec de vastes jardins, et le *Petit Nesle*, c'est-à-dire la fameuse tour de Nesle, que les aventures romanesques de la reine Jeanne de Bourgogne, femme de Philippe V le Long, ont rendu célèbre. C'est à l'hôtel de Nesle qu'Henri II établit, en 1550, un atelier monétaire, qui n'eut qu'une année d'existence. En 1580, le duc de Nevers, Louis de Gonzague, acheta le Grand Nesle, le fit démolir et

Plusieurs architectes de talent avaient concouru pour la construction du nouvel hôtel, mais Jacques-Denis Antoine, architecte de l'ancien hôtel, vit son projet préféré par le Roi; il avait d'ailleurs précédemment été chargé de la reconstruction, abandonnée par la suite, de l'hôtel sur la place Louis XV.

L'abbé Terray, contrôleur général des Finances, posa la première pierre le 30 avril 1771, au nom du Roi. Une plaque en cuivre sur laquelle était gravée une inscription commémorative en latin, fut encastrée dans une boîte de cèdre scellée sur la

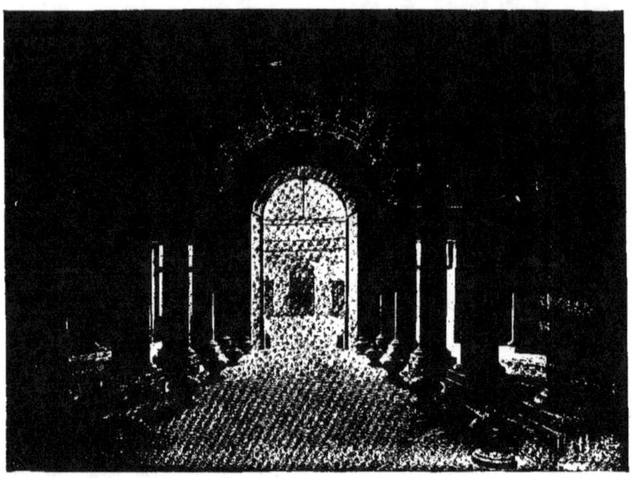

Péristyle conduisant à la Cour d'honneur et au Musée.

éleva sur l'emplacement un somptueux palais.

Ce palais devait disparaître à son tour. En 1641, l'héritière de la Maison de Nevers, Marie de Gonzague, obtint du Roi licence de démolir le manoir de famille, de percer des rues sur son emplacement et de vendre le terrain pour la construction de maisons.

Le principal acquéreur fut Henri de Guénégaud, garde des Sceaux, qui n'eut rien de plus pressé que de faire élever un hôtel à la place de celui qui venait d'être démoli.

En 1670, la veuve du prince de Conti, Anne-Marie Martinozzi en fit l'acquisition et voici pourquoi l'Hôtel des Monnaies actuel se trouve en façade sur le quai de Conti, et est bordé par la rue Guénégaud.

Construit en façade sur le quai de Conti, en face du terre plein du Pont-Neuf et de la statue d'Henri IV, l'hôtel occupe un emplacement de 13 000 mètres carrés.

première pierre; dans cette boîte avaient été déposés des spécimens des diverses monnaies courantes de Louis XV, en or, argent et cuivre, ainsi que des exemplaires, dans ces mêmes métaux, d'une médaille destinée à rappeler cet événement.

Comme sur les médailles historiques de la série royale, l'effigie de Louis XV se trouve au droit; au revers, une vue de la façade sur la Seine, avec la décoration du quai qui était projetée, mais ne fut jamais exécutée. La devise latine : AURO ARGENTO AERI FLANDO FERIUNDO fait allusion à la destination du nouveau bâtiment; comme date, elle porte celle de l'année précédant la pose de la première pierre : 1770.

L'Hôtel des Monnaies s'élève à l'alignement rectifié de l'ancien hôtel de Conti, avec deux ailes, l'une, la plus importante, sur la rue Guénégaud, terminée par un pavillon; l'autre, sur l'impasse de Conti. Le plan est irrégulier, par suite de la configuration de l'emplacement occupé par l'ancien hôtel de Conti et par le petit hôtel de Conti (hôtel de Laverdy actuel).

L'architecte Antoine sut tirer un très heureux parti de ce plan défectueux et élever sur le terrain dont il disposait, un monument que l'on peut considérer comme un des plus beaux spécimens de l'architecture française à la fin du XVIIIᵉ siècle, dans une situation, d'ailleurs, incomparable.

La jolie gravure de Thomas Vivarés (1779) que nous reproduisons, donne un aspect contemporain du bâtiment, célèbre déjà à l'époque et fait apprécier

la *Force* et du *Commerce*. Ces sculptures ont été restaurées en 1884, et remplacées plus tard.

La décoration de la porte d'entrée, terminée au début de 1777, mérite d'être signalée; les panneaux supérieurs sont occupés par une mosaïque de fer à jour, au milieu de laquelle se trouve un médaillon avec le chiffre du Roi (Louis XVI); au-dessous, dans une frise, un mufle de lion en bronze qui mord des serpents. Comme couronnement de la porte, un ensemble en bronze formé d'un cartouche avec l'écusson royal couronné, soutenu de deux figures

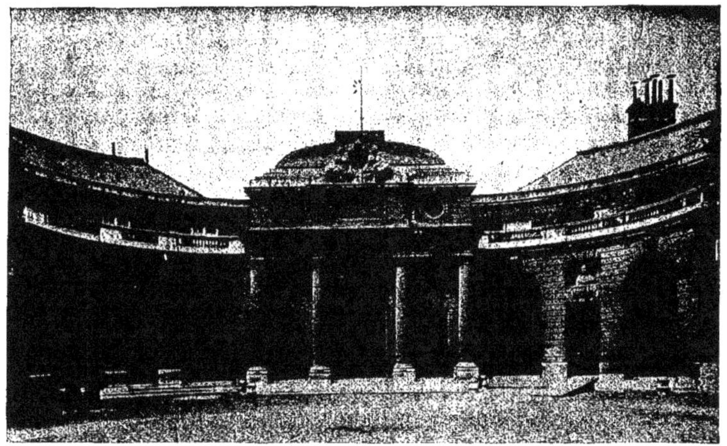

Cour d'honneur. Entrée du monnayage.

sa situation pittoresque; elle justifie les éloges qu'il valut à son auteur au XVIIIᵉ siècle.

La façade sur la rivière mesure 117 mètres environ de longueur; un avant-corps est formé de cinq arcades, au-dessus desquelles s'élèvent six colonnes d'ordre ionique, avec un entablement surmonté d'un attique; au-devant de cet attique et au-dessus de chaque colonne, six statues personnifient la *Prudence*, la *Force*, la *Justice*, le *Commerce*, l'*Abondance* et la *Paix*. Quant aux deux arrière-corps, leur décoration est plus simple.

C'est au sculpteur Jean-Pierre Pigalle que l'on doit la statue de la *Prudence*. Lecomte est l'auteur des figures de la *Justice* et de la *Paix*, dont deux petits modèles ont été exposés au Salon de 1773 (nº 217). A ce même salon se trouvait aussi le modèle de l'*Abondance* (nº 203) par Mouchy. Thiéry, dans son *Guide*, attribue à Lecomte les deux autres statues de

assises, *Mercure* (le Commerce) et l'*Agriculture*. Ces deux statues sont l'œuvre du sculpteur Duprez, à qui l'on doit les deux statues du *Feu* et de la *Terre*, qui ornent la façade de la rue Guénégaud.

Nous savons par les comptes de construction, qui ont été conservés, que la décoration de cette porte, à l'exception des statues, est l'œuvre du sculpteur ornemaniste Antoine le jeune (peut-être un parent de l'architecte); il reçut 132 livres pour le modèle et le moule des mufles de lion mordant des serpents.

Ainsi que nous l'avons dit, l'Hôtel des Monnaies a encore deux façades; l'une sur l'impasse de Conti, du côté de l'Institut, qui fut en quelque sorte sacrifiée; l'autre très étendue et importante, sur la rue Guénégaud. Celle-ci est formée d'un grand corps de bâtiment, avec un pavillon à chaque extrémité et au milieu un avant-corps surmonté d'un dôme.

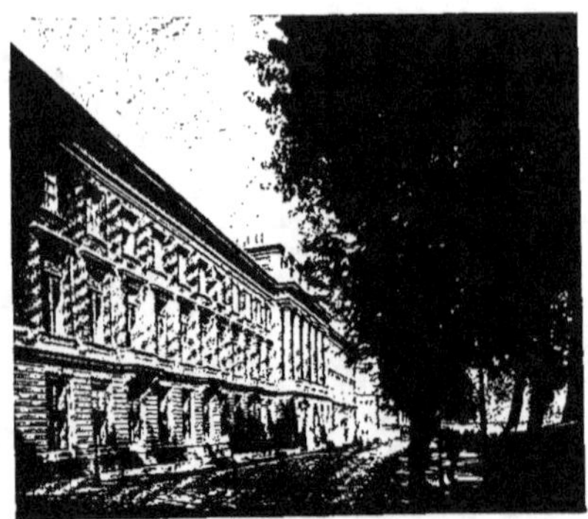

Vue de la façade de l'Hôtel des Monnaies sur le quai de Conti.

Les statues des quatre éléments ornent cet avant-corps : Le *Feu*, l'*Air*, l'*Eau* et la *Terre*; elles sont toutes signées et portent la date : 1771. Le *Feu* et la *Terre* sont de Duprez ; l'*Air* et l'*Eau* de J. J. Caffieri. Elles ont été restaurées en 1897.

Trois plaques de marbre noir se trouvent encastrées, sur l'attique, entre les statues ; celle que l'on voit entre les statues du milieu, portait sans doute une inscription à la gloire du Roi, que la Révolution fit disparaître. Les deux autres portent des inscriptions latines qui font allusion aux sujets des statues.

Par la porte de la façade principale, on entre sous un péristyle orné de colonnes ; à droite et à gauche, un escalier ; celui de droite conduit à la Direction et au Musée ; celui de gauche, à divers services.

En traversant ce péristyle, on parvient à la Cour d'honneur, qui mesure 30 sur 35 mètres environ, et par laquelle on accède à l'atelier de monnayage. Celui-ci se trouve à cet emplacement depuis le xviii⁰ siècle ; il a comme entrée un portique orné de colonnes doriques et surmonté d'un dôme ; au-dessus de l'attique de ce portique, un écusson couronné aux armes de France, soutenu de deux figures assises qui personnifient la *Fidélité* ou plutôt la *Bonne Foi* monétaire et l'*Abondance des Richesses* ; ces deux statues sont l'œuvre du sculpteur Gois qui en fit figurer les modèles au Salon de 1771 ; elles ont été refaites en pierre de Conflans, par Allouard.

Le fond de cette cour est de forme circulaire ; une galerie couverte permet d'accéder à divers services et les inscriptions anciennes qui ont été conservées, nous font connaître comment ils avaient été répartis à la fin du xviii⁰ siècle.

A l'extérieur de la galerie couverte, au-dessus des portes, dans des niches, les bustes des quatre rois.

qui, d'après la tradition du xviii⁰ siècle, méritaient la reconnaissance du public, à cause des perfectionnements qu'ils avaient fait apporter à la fabrication des monnaies et de l'intérêt spécial qu'ils avaient montré à l'art monétaire. Tout d'abord Henri II en faisant figurer l'effigie royale et le millésime sur les espèces ; ce qui n'est pas absolument exact (*Monetam vultu principis et annis œre vulgaris signavit*). Puis Louis XIII qui fit adopter d'une façon définitive la frappe au balancier, malgré l'opposition de l'ancienne Cour des Monnaies, lésée dans ses privilèges, procédé de fabrication déjà établi à Paris, par Henri II, à la Monnaie du Moulin (*Nummos prelo cudere instituit*). Louis XIV qui généralisa un autre procédé, déjà connu au xvi⁰ siècle, la marque des monnaies sur la tranche, procédé qu'un mécanicien de talent, Castaing, avait singulièrement perfectionné (*Nummos undique signando erosionis spem detraxit*). Enfin Louis XV, qui fit construire ces bâtiments et les fit décorer royalement, ce qui est parfaitement exact (*Has aedes monetales extruxit et regio cultu exornavit*).

La façade intérieure du bâtiment principal donne sur la cour d'honneur en face de l'entrée du monnayage, à laquelle conduisent deux galeries couvertes, de chaque côté de cette cour. Le fronton qui décore ce corps de bâtiment est orné de deux figures allégoriques, accompagnées d'attributs monétaires (balancier et instruments divers) ; entre ces deux figures, se trouve l'horloge, que l'on doit à un spécialiste célèbre du xviii⁰ siècle, Lepaute.

Une grosse cloche et deux petites, pour les sonne-

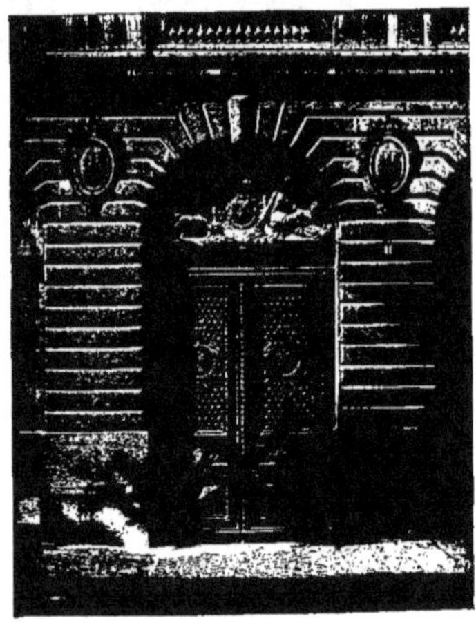

Porte d'entrée de l'Hôtel des Monnaies.

ries de l'horloge, furent fondues en 1774; suivant l'habitude, elles portent, comme ornementation, divers motifs décoratifs, l'écusson royal, des fleurs de lis, l'écusson des fondeurs de cloches et des inscriptions commémoratives.

Au fond de l'atelier du monnayage, qui n'a guère changé d'aspect général, depuis la construction, sur un piédestal, une statue en stuc de la *Fortune*; les comptes nous font connaître que le 12 août 1775, le stucateur Wacker reçut une somme de 240 livres, pour l'exécution de la figure, ainsi que du piédestal, d'après le modèle du sculpteur Mouchy.

La cour d'honneur donne accès aux divers ateliers et aux services de la fabrication, par deux voûtes qui traversent les galeries couvertes latérales. A gauche, on parvient d'abord dans une cour intérieure, qui conduit à la fonderie; dans un des coins de cette cour, se voit une pyramide en pierre, une méridienne qui a été calculée en 1777, par deux membres de l'Académie des Sciences, Pingré et Jeaurat. Par la droite, on gagne l'atelier actuel de la fabrication des médailles, après avoir traversé plusieurs cours, dont l'une forme la partie centrale de l'hôtel de Laverdy, ancien petit hôtel de Conti, le seul bâtiment qui n'ait pas été démoli par l'architecte Antoine pour la construction de l'Hôtel des Monnaies actuel.

L'Hôtel des Monnaies avait un aumônier en titre; mais sa chapelle sans aucun caractère monumental,

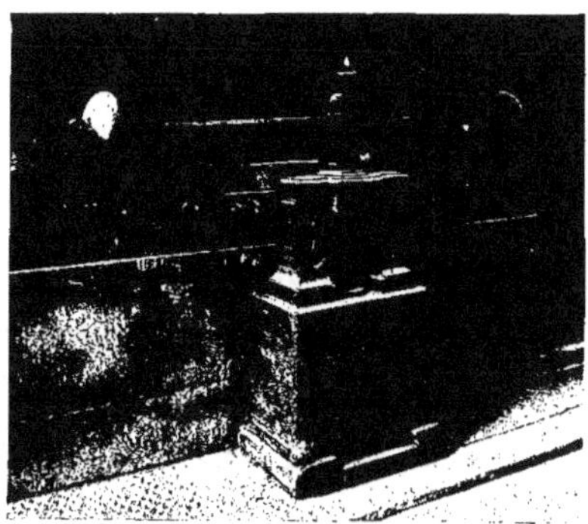

Balancier de 1698.

était comprise dans l'aile, qui borde à droite, la cour d'honneur et on y accédait par une petite porte, sous l'arcade qui permet de communiquer avec une cour intérieure. Aucune ornementation extérieure; à l'intérieur une décoration formée de colonnes peintes, avec des motifs divers en grisaille et une coupole ornée de caissons peints; partagée en deux étages, la chapelle contient aujourd'hui les services du Secrétariat.

LE MUSÉE

Le Musée de la Monnaie est maintenant centenaire; sa création date, en effet, de septembre 1827; c'est à cette occasion que l'Administration a estimé qu'il était opportun de procéder à un nouveau classement des collections et de présenter au public une sélection des principales œuvres d'art, médailles et plaquettes, ainsi que des spécimens typiques des monnaies françaises et étrangères.

Le musée commença, à l'origine, par occuper la grande salle d'honneur et toutes les parties des galeries de l'étage supérieur du bâtiment du quai de Conti qui avaient été affectées au xviii siècle, à l'École Royale des Mines.

Un arrêt du Conseil, en date du 11 juin 1778, avait en effet institué à la Monnaie, dans le nouveau bâtiment du quai de Conti, une chaire de chimie docimasique (essai des minerais), en faveur de Balthazard-Georges Sage, de l'Académie des Sciences.

Par un nouvel arrêt du 19 mars 1783, rendu sur l'initiative du contrôleur des Finances, Joly de Fleury, cette création fut complétée par celle d'une École Royale des Mines, sous la direction de Sage et de son collègue de l'Académie des Sciences, Duhamel. Les cours avaient lieu dans la grande salle.

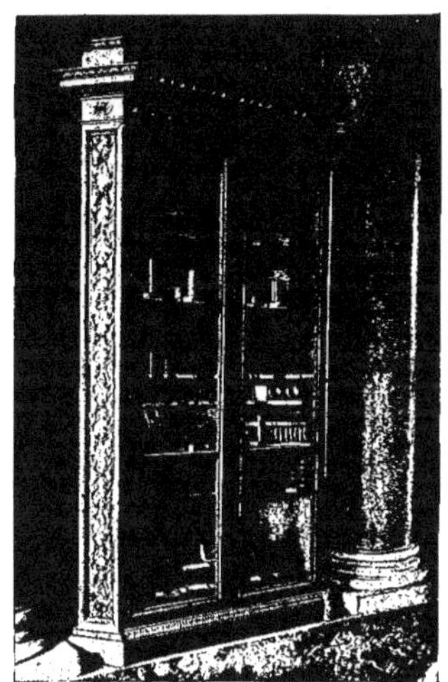

Une des quatre vitrines décoratives
de la Grande salle du Musée.

Le professeur Sage avait formé des collections minéralogiques remarquables ; ces collections, jugées indispensables à la nouvelle école, furent achetées par le roi et Sage les installa aussitôt dans les vitrines de la grande salle que l'on voit distinctement sur la gravure de Née, ainsi que dans les vitrines des galeries de l'étage supérieur. Cet aménagement avait été fort coûteux ; il n'avait pu être obtenu que grâce à l'intérêt témoigné par le ministre Calonne à la nouvelle école et au désintéressement de Sage.

jour qu'il avait participé à un acte de vandalisme.

L'École Royale des Mines quitta la Monnaie en 1794, mais les collections minéralogiques y restèrent cependant et le professeur Sage continua son cours de chimie docimasique jusqu'à sa mort (9 septembre 1824). Les collections furent alors remises à l'École des Mines et au Muséum d'Histoire Naturelle.

C'est alors que le comte de Sussy, président de la Commission des Monnaies, par lettre au comte de Villèle, ministre des finances (12 septembre 1827)

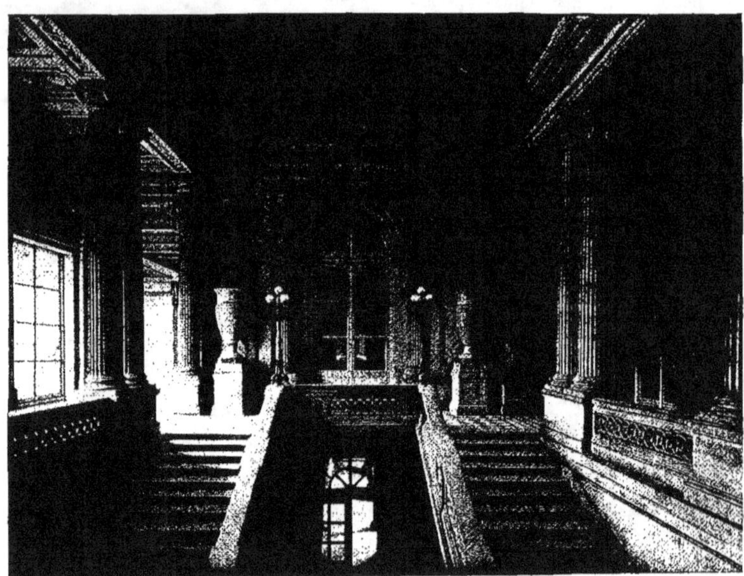

Escalier conduisant au Musée.

En 1784, le garde-meuble de la Couronne, désirant se défaire d'une énorme quantité d'anciennes tentures, contenant de l'or et de l'argent, et jugées hors d'usage, n'avait eu de la part des marchands que des offres dont Sage signala l'insuffisance ; il obtint alors de les faire brûler et la valeur des métaux que l'on put recueillir s'éleva à 440.000 livres. Une gratification de 40.000 livres offerte à Sage, en récompense, ne fut acceptée par lui que sous réserve de son affectation à l'aménagement des collections. Le roi voulut alors y participer pour une somme de 70.000 livres. Ces tentures, hors d'usage, devaient sans doute être des tapisseries du XVe et du XVIe siècle, et Sage, en les brûlant, ne se doutait pas que l'on estimerait un

proposa de constituer un musée spécial, dénommé *Musée Monétaire*, ce musée réunissant des échantillons de minerais, des modèles d'instruments servant à la fabrication des espèces ou à la garantie des ouvrages d'or et d'argent, ainsi que des coins monétaires, devait être joint au riche médaillier déjà constitué par l'ancienne Cour des Monnaies et qui comprenait de précieuses séries de monnaies françaises et étrangères. La proposition fut accueillie par le Ministre (29 septembre 1827) et le nouveau musée fut créé, mais on n'avait envisagé, dans sa sphère d'action, que les questions monétaires.

Quelques années après, il eut un accroissement remarquable. La *Monnaie des Médailles* qui dépendait de la Maison du Roi (et non du Ministère des Finances, comme l'Hôtel des Monnaies) fut supprimée par ordonnance royale du 24 mars 1832. Les services furent rattachés à ceux du quai de Conti et toutes les collections de poinçons et de coins, dont les plus anciens spécimens remontent au xvi⁰ siècle, furent transférées au musée, qui déjà *monétaire*, devint en plus *artistique*.

Le nouveau musée fut inauguré le 8 novembre 1833 par le roi Louis-Philippe, accompagné de la reine

l'organisateur du musée, le comte de Sussy, pair de France (gravée par Caqué).

On accède au musée par un grand escalier en pierre, qui se partage en deux au premier palier. Les rampes sont décorées de couronnes de laurier, au milieu desquelles se trouvait une fleur de lis, grattée sous la Révolution.

En hommage à l'architecte à qui l'on doit le monument, l'Administration a fait placer, sur le premier palier, le buste de Jacques-Denis Antoine, exécuté

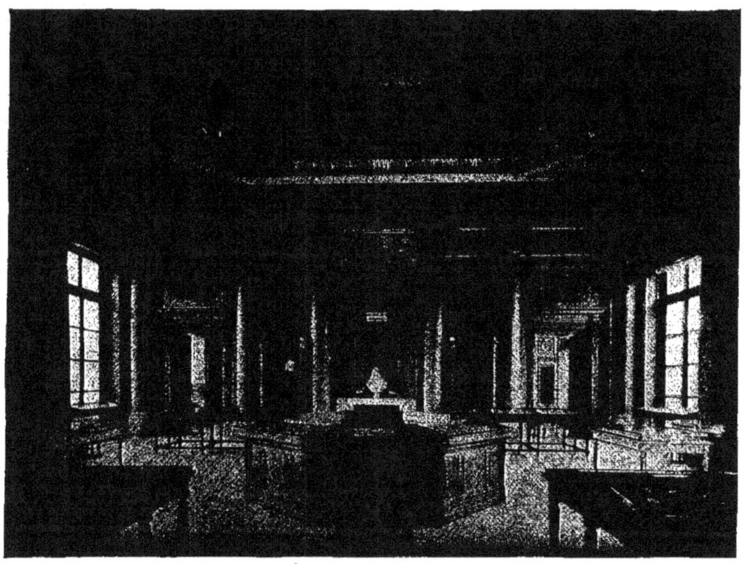

Grande salle du Musée.

Amélie, par le roi et la reine des Belges, Léopold Iᵉʳ et Louise d'Orléans, et par les Altesses Royales, Mᵐᵉ Adélaïde et les princesses Marie et Clémentine.

Deux médailles furent distribuées, lors de cette solennité, l'une aux effigies du roi et de la reine des Français ; l'autre aux effigies des souverains de Belgique, œuvres des graveurs Petit et Dubois. Une médaille commémorative de la visite de la famille royale, de grand module (75 mm.). représentant dans des médaillons, au droit et au revers, les portraits des membres de la famille royale, a été exécutée par Jacques-Jean Barre, qui dix ans plus tard devait devenir graveur général des Monnaies. Une autre médaille commémorative fut frappée au buste de

par un sculpteur, qui fut aussi un graveur en médailles, N. P. Tiolier (1824).

Au second palier se trouve l'entrée principale du Musée, avec deux galeries latérales, l'une éclairée par des fenêtres donnant sur le quai, et l'autre, conduisant à l'appartement du Directeur. L'éclairage, en haut, est donné par un vitrage qui forme le milieu d'une voûte, ornée de caissons peints en grisaille et supportée par seize colonnes cannelées.

Au-dessus des trois fenêtres de la galerie sur le quai et des portes qui font pendant, des bas-reliefs. les uns symbolisant la *Chimie* et la *Richesse*, les autres représentant deux enfants qui suspendent des guirlandes de fleurs à une lyre. A la hauteur des bas-reliefs apparaissent des motifs divers sculptés, guirlandes, feuillages et trophées. On sait, que toute cette décoration est l'œuvre du sculpteur ornemaniste, Antoine le jeune.

La richesse de l'ornementation de cet escalier, ses heureuses proportions, en avaient fait apprécier le beau caractère et la magnificence par les contemporains ; il est d'ailleurs resté encore comme un des modèles les plus remarquables et les plus typiques de l'architecture officielle à la fin du XVIIIe siècle.

Pour entrer dans la grande salle du Musée, on traverse un vestibule décoré d'une frise formée des écussons peints des armoiries des diverses villes de France où se trouvait installé autrefois un Hôtel des Monnaies ; ce vestibule communique avec la grande salle par une porte, surmontée d'un groupe sculpté, fort joli, mais placé dans un éclairage défectueux.

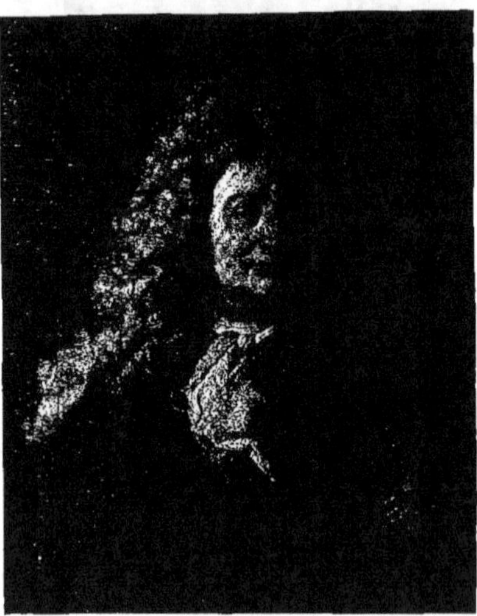

Nicolas de Launay, directeur de la Monnaie des Médailles (1696-1723).

Deux anges tiennent une couronne au-dessus d'un globe, chargé d'un soleil rayonnant.

Au XVIIIe siècle, les anges exécutés en pierre de Conflans par Antoine le jeune, tenaient une couronne royale au-dessus d'un globe fleurdelisé. A la Révolution, les fleurs de lis furent supprimées et la couronne royale transformée en couronne de l'*Immortalité*, telle qu'elle se voit encore aujourd'hui.

La grande salle qui frappe le visiteur par ses vastes proportions, son caractère majestueux et sa riche

décoration, nous a été conservée intacte, sauf quelques modifications de détail, qui n'altèrent en rien son caractère : elle occupe toute une partie du

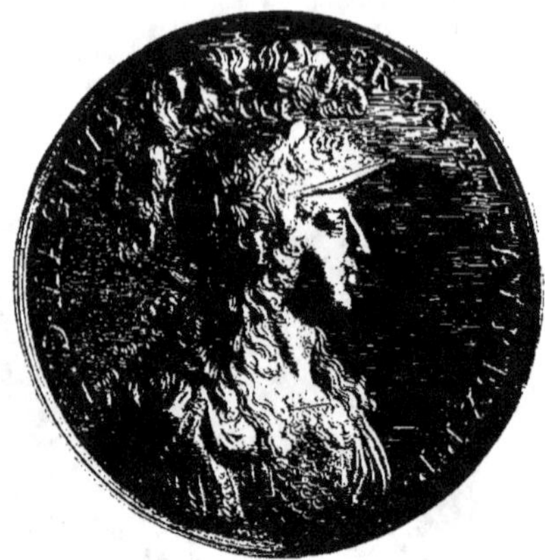

Devise de Louis XIV (par Fr. Varin), *face*.

bâtiment de façade, entre le quai et la cour d'honneur qui conduit aux ateliers : sa longueur et de 11 m. environ sur 11 m. de largeur et 13 m. de hauteur.

Une gravure de Née, d'après Meunier, permet de constater que cette salle a été bien peu modifiée depuis le XVIIIe siècle, alors qu'elle était affectée aux cours de l'Ecole Royale des Mines. Vingt grandes colonnes, d'ordre corinthien, supportent un entablement, richement décoré : au-dessus court une galerie avec pilastres, d'un plan presque octogonal, avec quatre culs-de-fours dans les angles.

Les colonnes engagées sont demi-rondes, et non cannelées ainsi que l'avait prévu l'architecte Antoine, dans sa maquette originale qui a été conservée ; elles sont en stuc, imitant le marbre jaune de Sienne ; la base imite le marbre blanc statuaire ; sur le socle ont été appliquées des plaques en marbre rouge veiné de blanc du Languedoc.

Deux figures drapées à l'antique, personnifiant

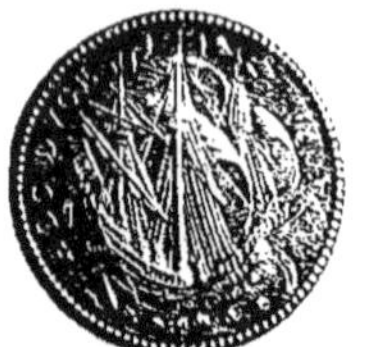
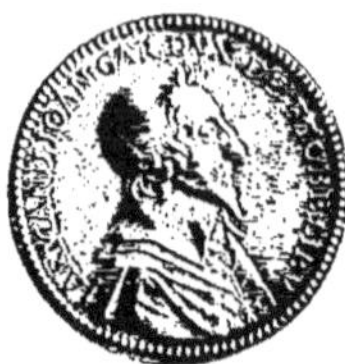

Cardinal de Richelieu (par J. Varin).

l'*Abondance* et l'*Histoire*, entouraient un buste du contrôleur des Finances, Calonne, placé dans une niche au-dessus de la porte d'entrée, en reconnais-

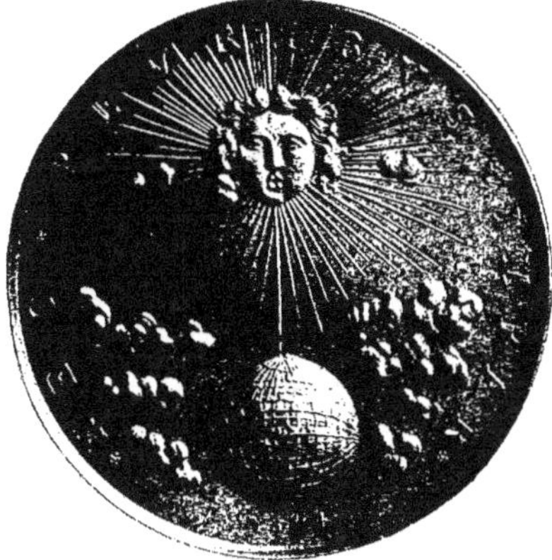

Devise de Louis XIV (par Fr. Varin), *revers*.

sance du puissant appui du contrôleur des Finances, lors de l'organisation des collections de l'École Royale des Mines ; en pendant, au-dessus de la cheminée, deux *Renommées*, accompagnaient le buste du roi. Ces figures ont été exécutées d'après les maquettes de Gois, à qui l'on devait aussi le buste de Calonne, supprimé à la Révolution, ainsi que le buste royal.

Deux bustes en plâtre de Louis XVI et de Louis XVIII, occupent actuellement la place de ceux de Calonne et de Louis XVI.

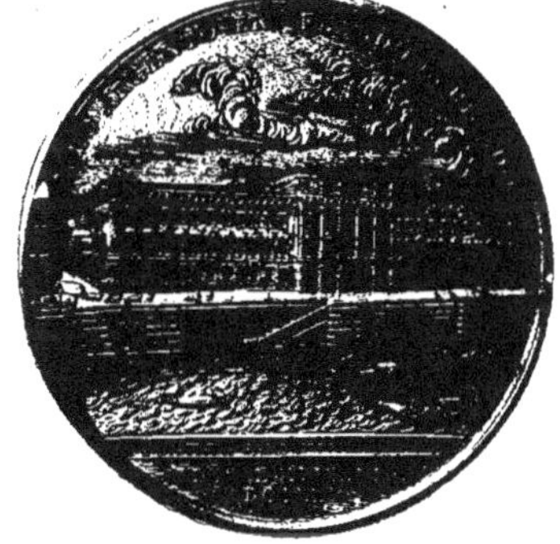

Construction de l'Hôtel des Monnaies (1770).

Quatre vitrines en acajou décorées de branches de laurier en plomb ciselé et doré ont été placées dans les entre colonnements, aux côtés de la porte d'entrée et de la cheminée ; ce sont de beaux spécimens de de l'ébénisterie sous le règne de Louis XVI ; le haut, en dôme, se raccorde avec la muraille, sur le dessus, par des motifs, vase et aigle aux ailes éployées, d'un goût très délicat : elles n'ont pas été modifiées et occupent encore leur emplacement primitif.

Dans les écoinçons, au-dessus de la galerie paraissent des aigles dans des couronnes de chêne, le tout exécuté ainsi que la décoration ornementale de cette salle, par Antoine le jeune.

Au-dessus de chacune des portes intérieures, aux côtés de cette salle, un bas-relief du même artiste formé d'une couronne, avec les chiffres, DA-LB-DF-

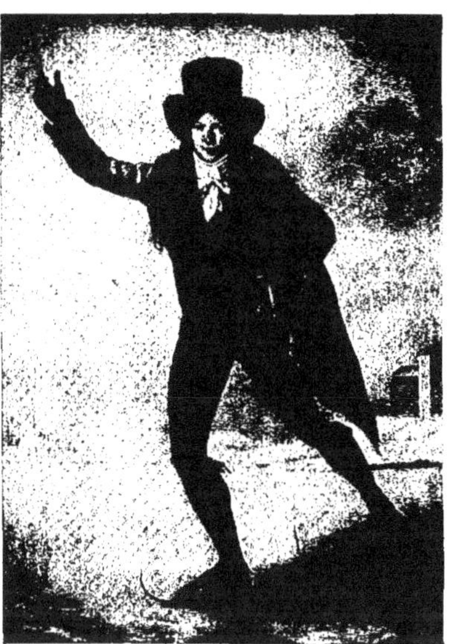

Bertrand Andrieu, graveur en médailles, par Delafontaine (1798).

DO, entre deux petits génies symbolisant la Chimie et ses différentes opérations.

On a proposé de voir ici, les initiales des quatre intendants des Finances, d'Amelot, L. Boutin, de Fourqueux et d'Ormesson, qui firent rendre l'arrêt du Conseil du 11 juin 1778, en vertu duquel fut instituée la chaire de chimie docimasique. Mais d'après un document contemporain, les initiales seraient celles de quatre hauts fonctionnaires : de l'Averdy, La Boulai, de Fleury et d'Ormesson.

Le plafond actuel, symbolisant le triomphe de

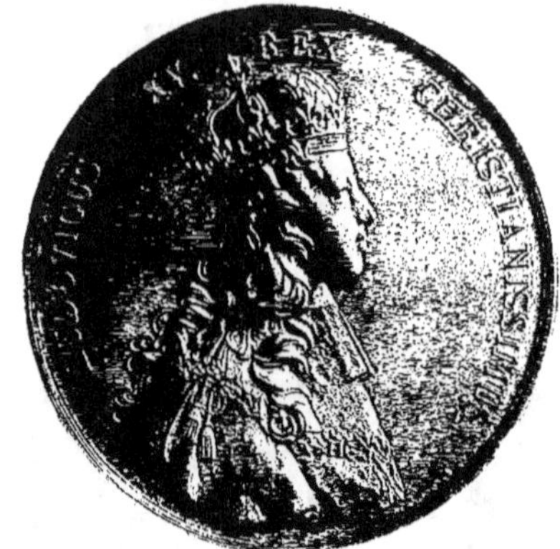

Sacre de Louis XV (1722), *face*.

l'Exposition Universelle de 1889 est l'œuvre du peintre J.-J. Weerts.

Pour décorer les salles où sont exposées les collections on a disposé divers tableaux, intéressant l'histoire de la Monnaie. Dans la salle du XVIᵉ-XVIIIᵉ siècle,

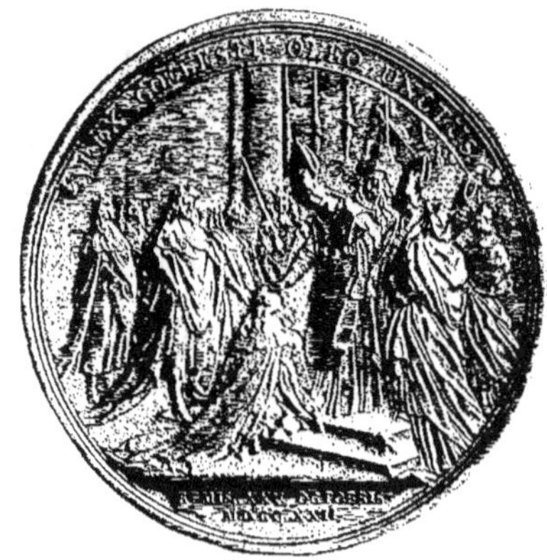

Sacre de Louis XV (1722), *revers*.

un tableau peint sur bois représente, à mi-corps, le célèbre graveur général des Monnaies, Jean Varin (mort en 1672), montrant à Louis XIV enfant, aussi

en buste, une médaille à l'effigie d'Alcibiade ; ce tableau porte une signature : *F. Marius pingebat*, sans doute François Lemaire, mort en 1668.

Deux autres peintures nous donnent les portraits de deux hauts fonctionnaires, de l'ancien régime. Pierre Rousseau, qui fut directeur général des Monnaies (1683-1617) et Nicolas de Launay, l'orfèvre de Louis XIV, qui fut directeur de la Monnaie des Médailles, de 1696 à 1723. On remarquera tout particulièrement un grand portrait en pied, de l'extrême fin du XVIIIᵉ siècle. Le modèle, un célèbre graveur, s'est fait représenter, gravant sur la glace pour se distraire de son labeur de graver sur l'acier : c'est Bertrand Andrieu, de Bordeaux (1761-1822), à qui l'on doit la médaille si connue du Baptême du Roi de Rome (1811). Ce beau tableau est l'œuvre d'un artiste

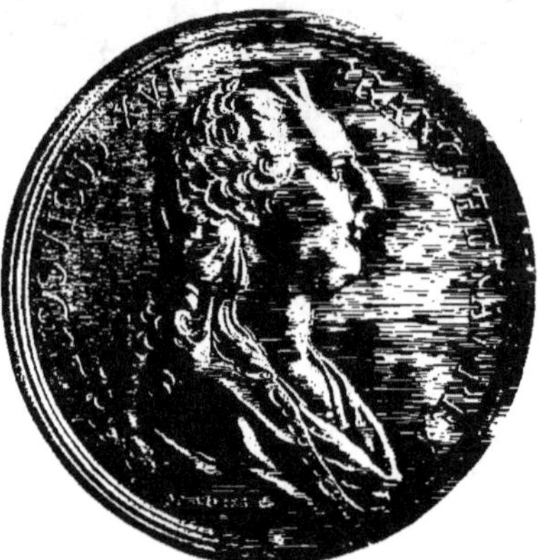

Louis XVI (1781).

peu connu, P. M. Delafontaine, dont il porte la signature avec la date : 1798 : il figura à l'exposition des Beaux-Arts de cette année sous le nᵒ 107 ; conservé par les descendants d'Andrieu, il a été donné par ses arrière-petits enfants, Mᵐᵉ Chappotteau-Dewulf, Mᵐᵉ Aubrun-Dewulf et M. Louis Chappotteau.

Outre ces peintures, le musée a pu réunir des gravures diverses représentant, soit l'Hôtel des Monnaies, vu de la Seine, planche pittoresque de Thomas Vivarès (1779), soit la Grande Salle affectée, au XVIIIᵉ siècle à l'École Royale des Mines (gravure de Née), soit des portraits de fonctionnaires des services concernant la fabrication des monnaies et des médailles, comme Pierre Grassin, directeur général des Monnaies (gravure de Lepicié d'après Largillière) ; Jacques Roettiers, graveur et orfèvre du Roi (gravure de Saint-Aubin, 1771, d'après Cochin) ;

Joseph Roettiers, graveur général des Monnaies (gravure de C. Vermuelen, 1700, d'après Largillière); Nicolas de Launay, directeur de la Monnaie des Médailles (gravure de Fr. Chereau, 1719, d'après Hyacinthe Rigaud), etc.

Dans le vestibule d'entrée, on a exposé deux spécimens intéressants de l'ancien outillage monétaire : un balancier du règne de Louis XVI, décoré et ciselé comme un objet d'art et un des balanciers inventés par Ph. Gengembre, inspecteur général des essais, en 1803, et fondu avec le cuivre de canons pris sur les Russes à Austerlitz (2 décembre 1805). Gaudin, duc de Gaële, ministre des Finances, raconte dans ses mémoires, l'entretien qu'il eut à ce sujet, avec l'Empereur, et comment il sut en flattant le vainqueur d'Austerlitz, obtenir de lui les vingt canons

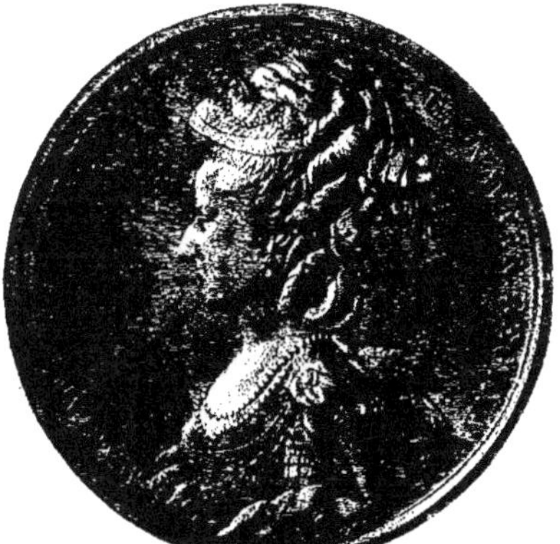

Marie-Antoinette (1781).

nécessaires pour fondre des exemplaires du balancier nouveau, qui devaient être dénommés des *Austerlitz*.

Parmi les objets divers conservés au musée, une belle pendule ancienne avec son socle (époque Louis XIV), provient de l'ancienne Monnaie des Médailles ; une réduction au 21e de la colonne Vendôme, faite par le graveur en médailles Brenet, en 1831, est formée de petites plaquettes en bronze, fondues et ciselées, qui reproduisent exactement l'ensemble des bas-reliefs; elle est couronnée par la statue de Napoléon Ier en empereur romain, d'après le modèle exécuté à l'origine par le sculpteur Chaudet; un petit médaillier en acajou, dans lequel l'Empereur avait fait réunir des spécimens des diverses monnaies circulant dans le royaume d'Italie, en 1806 a été donné au musée par Napoléon III, etc.

La Manufacture de Sèvres et le Musée du Louvre ont concouru à la décoration des salles du musée ; Sèvres en envoyant des vases, ainsi que des groupes

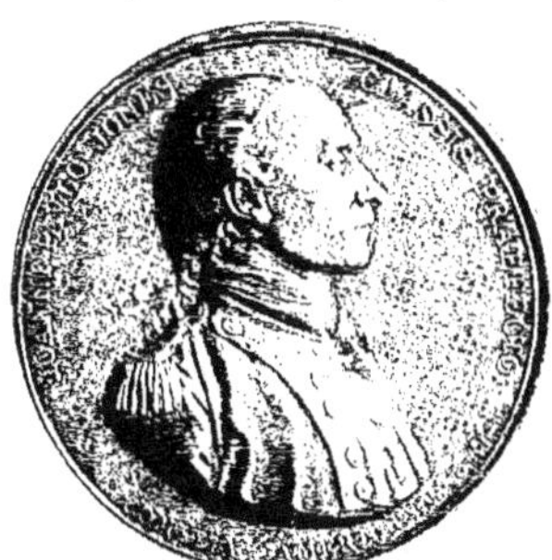

Paul Jones, amiral américain, *face*.

et des statuettes en biscuit, et un certain nombre de grandes médailles et plaquettes, en biscuit, reproduisant des œuvres de médailleurs : Roty, Chaplain, Vernier, etc. Des réserves du Louvre sont venues : une *Vénus et l'Amour* de Jouffroy, une *Bacchante* d'après Clodion, des vases en granit et des reproductions réduites en bronze des groupes de *Mercure* et de la *Renommée*, de Coysevox, qui ornent l'entrée du jardin des Tuileries sur la place de la Concorde.

Les Médailles de l'Ecole Moderne.

Le Musée de la Monnaie présente dans ses vitrines une sélection d'œuvres de nos principaux graveurs

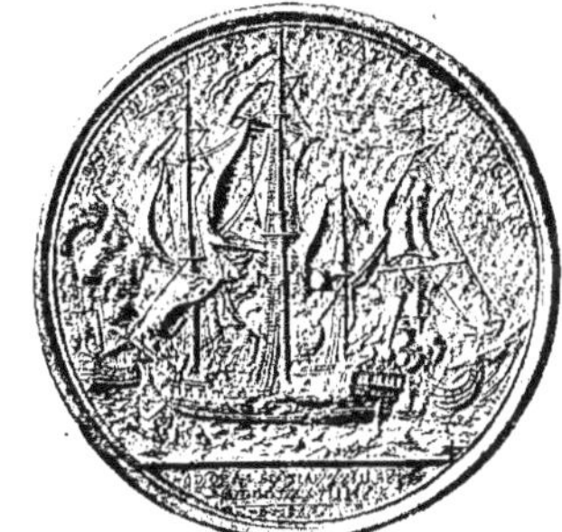

Paul Jones, *revers*.

et des séries de médailles historiques. Cette exposition ne comporte pas seulement des médailles éditées par la Monnaie ou des produits de ses ateliers;

l'éclectisme le plus libéral a présidé à ce choix ; des *fontes* figurent par exemple aussi bien que |des frappes dans les diverses séries présentées au public.

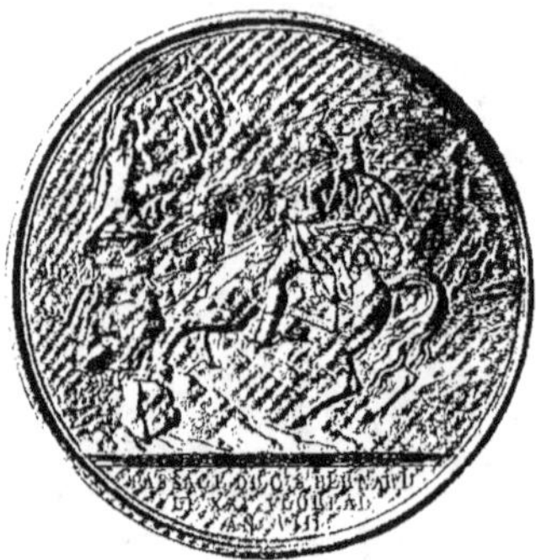

Passage du Saint-Bernard (an VIII).

On a adopté le principe des expositions roulantes : les ensembles constitués ne sont pas immuables ; ils doivent être modifiés et transformés fréquemment, faisant place aux nouveautés ou aux séries moins connues.

Nous trouverons plus loin les médailles françaises du XVIe siècle à l'époque actuelle. La grande salle d'honneur a été réservée, ainsi que le vestibule d'entrée et les deux petites pièces contiguës, à l'École Moderne de la Médaille, l'École des Roty, Chaplain, Daniel-Dupuis, Vernon et Patey. Au centre,

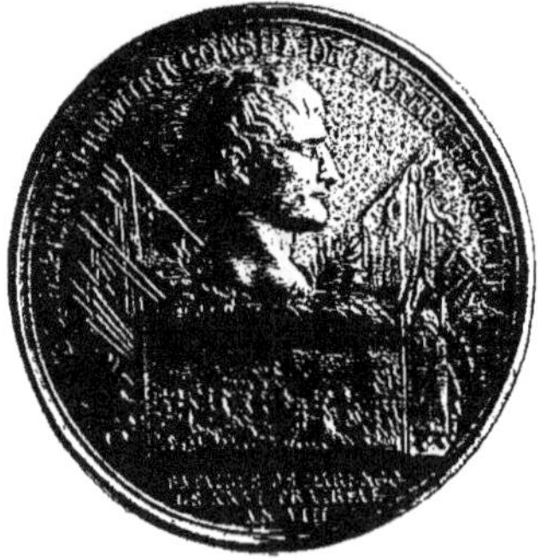

Bataille de Marengo (an VIII).

dans une vitrine octogonale, ont été groupées les œuvres les plus caractéristiques de ces maîtres. On y a fait figurer aussi l'artiste que l'on doit considérer,

à juste titre, comme le précurseur de cette école, Hubert Ponscarme (1827-1903) ; celui-ci marque une période de transition. L'effigie ne se détache plus sur un champ poli, mais se fond avec lui ; le grénetis disparaît ; les lettres au lieu de ressembler à des caractères d'imprimerie à arêtes vives, sont arrondies, grasses, atténuées ; l'ensemble du sujet n'a plus ces contours rigidement marqués avec des légendes d'une netteté voulue rappelant la gravure des poinçons d'acier, mais il offre une douceur et un flou dans le modelé, une atténuation des reliefs qui n'enlève rien à son caractère.

Certains médaillons fondus du maître Chapu, mort en 1891, n'ont pas été sans influence sur cette transformation, ainsi que les médailles du sculpteur Degeorge (mort en 1888) qui y a aussi collaboré. Roty rompant complètement avec les attaches du passé,

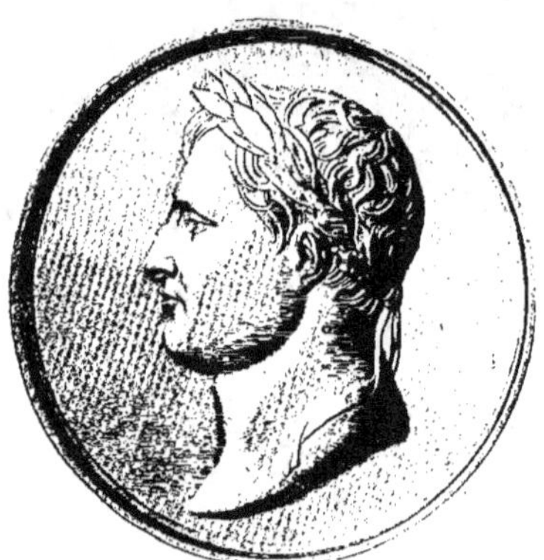

Baptême du Roi de Rome (1811), *face*.

s'inspirant des maîtres italiens du XVe siècle, libéra la médaille de ses entraves et grâce à son admirable talent, créa une véritable Renaissance. La médaille ne devait pas être, ainsi qu'il l'écrivait, un « objet de curiosité banal », mais un « bas-relief en métal » pour lequel on devait chercher « l'effet décoratif[1] », il se libéra aussi du cadre circulaire ; c'est avec lui qu'apparaît la *plaquette* et l'on sait le succès prodigieux qu'eut cette nouvelle forme. C'est en plaquettes que Roty a exécuté : *In labore quies* ; les *Prisons de Fresnes-les-Rungis*, les *Funérailles de Carnot*, le *Cinquantenaire de la Maison Christofle*, l'*Ange gardien*, etc. ; ainsi que les portraits de *Pasteur* et du *Préfet de Police Lozé*, etc... Mais Roty n'abandonna

1. Préface de l'ouvrage de Ch. Saunier sur *Augustin Dupré*, p. IX.

pas entièrement la forme ronde traditionnelle; ses médailles de *Chevreul*, de *l'Association française pour l'Avancement des sciences*, du *Cinquantenaire de l'Ecole d'Athènes*, de *l'Enseignement secondaire des jeunes filles* sont restées célèbres.

Chaplain, élève d'un maître de l'ancienne école, Oudiné, n'hésita pas à suivre la voie tracée par Roty, pourtant plus jeune que lui, mais dont il avait compris le haut mérite. Si sa médaille de l'*Exposition Universelle de 1867* à l'effigie de l'empereur Napoléon III, est exécutée, comme par un graveur du début du XIXᵉ siècle, Chaplain changea bientôt de manière pour traiter ses *Aérostats de la défense de Paris (1870-1871)*, et ses compositions postérieures comme l'*Inauguration de l'Ecole Nationale des Arts Industriels de Roubaix*, la *Visite de l'escadre russe à Toulon (1893)*, l'*Exposition Universelle de 1900*, où se sent partout

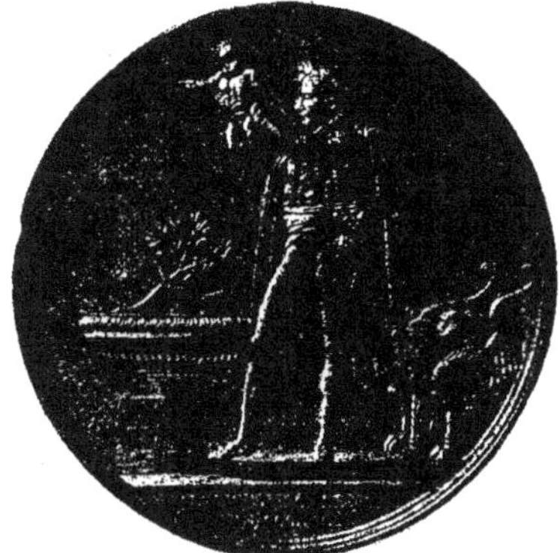

Baptême du Roi de Rome (1811), *revers.*

l'influence de la nouvelle Ecole. C'est surtout vers les portraits que Chaplain fut attiré. Ses médailles et plaquettes frappées de *Charles Garnier*, de *Charles Hermitte*, d'*Em. Levasseur*, du *Docteur Ch. Bouchard*, etc., ses grands médaillons fondus, que le Musée peut exposer, grâce au bienveillant intérêt témoigné par la famille de l'artiste, lui ont donné une place hors pair parmi les artistes de l'Ecole Moderne.

Un troisième artiste, qui fut avec Roty et Chaplain, à la tête de la nouvelle Ecole, Daniel-Dupuis, mourut prématurément dans des circonstances dramatiques; travailleur acharné, il a laissé une œuvre considérable. Les sujets : *Centenaire de la Révolution (1889)*, *Exposition de 1889*, *Pose de la première pierre du Pont Alexandre (1896)*, les plaquettes : *La Source et le Nid*, par exemple, sont traitées d'après les nou-

velles données; par contre ses portraits comme ceux du *Cardinal de Bonnechose*, de *Floquet*, d'*Emmanuel Arago*, d'*Emile Vuillemin*, de *Madame Félicité Dupuis*

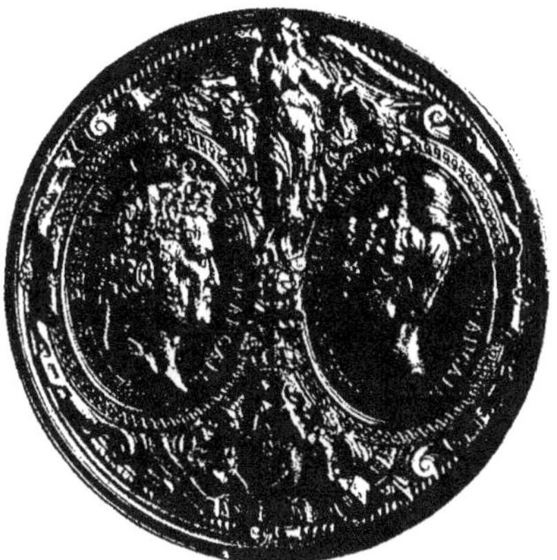

Visite de la Famille Royale à la Monnaie (1833), *face.*

(médaillons exposés dans une petite salle) ont de singuliers rapports avec l'art du sculpteur. Le Musée de Blois, ville natale de Daniel Dupuis, où a été

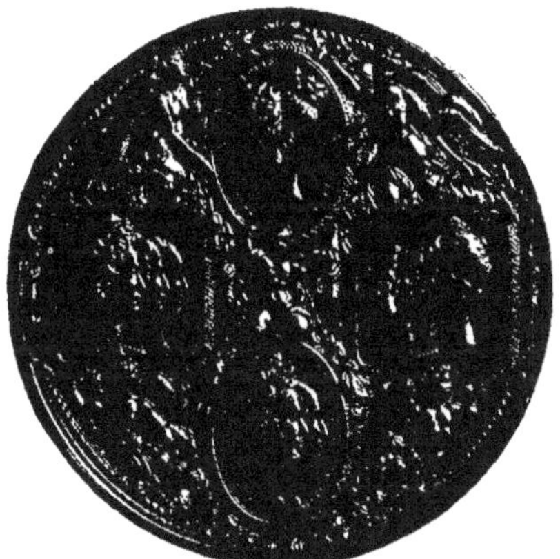

Visite de la Famille Royale à la Monnaie (1833), *revers.*

pieusement rassemblée son œuvre complète, en offrirait maint autre exemple. Les élèves des grands maîtres, Fr. de Vernon et A. Patey, suivirent la route tracée avec la nuance originale de leur talent.

.·.

Il y a quelques années, l'administration désirant continuer la collection historique commencée sous Louis XIV, décida d'éditer une série de pièces commémoratives de la Grande Guerre, formant un ensemble de médailles de même module (68^{mm}), avec la collaboration, pour les sujets et les légendes, de l'Académie des Inscriptions et Belles-lettres et du service historique de l'État-Major de l'Armée. L'administration s'adressa aux meilleurs graveurs qui exécutèrent, les portraits des artisans de la Victoire, le

mont, Lafleur, Lamourdedieu, Hippolyte Lefebvre, Morlon, Patriarche, Pillet, Sicard, O. Yencesse.

Parmi les artistes d'avant garde, un jeune graveur Turin, à qui l'art doit déjà, en particulier, la médaille de l'*Exposition Internationale des Arts décoratifs*, a donné des œuvres très personnelles, sans caractère outrancier, qui semblent marquer, comme celles de son contemporain, Mascaux, une évolution vers une orientation nouvelle de l'art de la médaille en France.

Deux grands artistes, actuellement disparus, sont représentés d'une façon spéciale, grâce au concours prêté par leur famille, Peter, le sculpteur animalier, et Georges Dupré, élève de Roty, prix de Rome, qui mourut bien jeune, en laissant une œuvre déjà

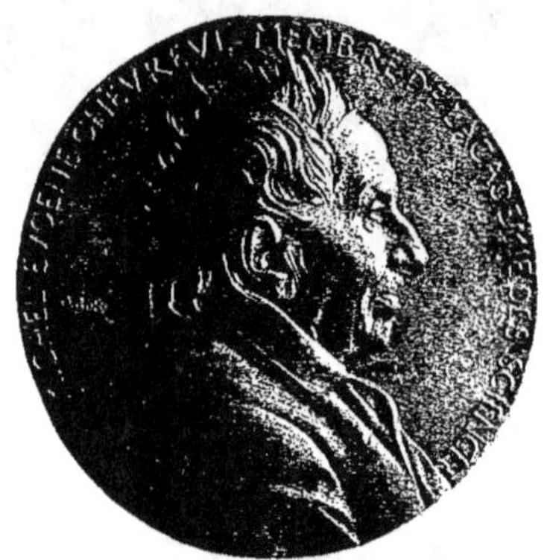

Chevreul (par Roty), *face*.

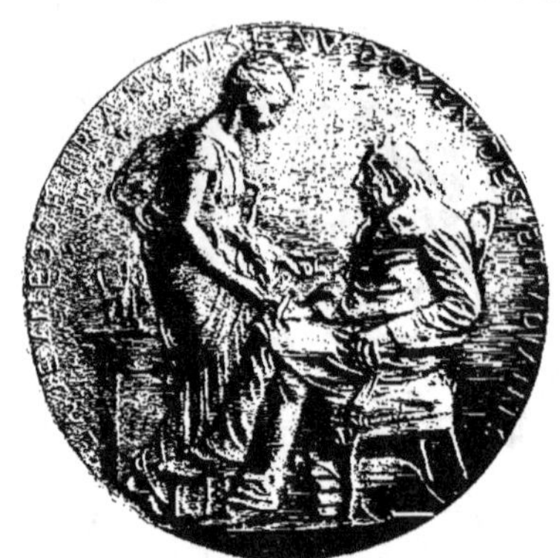

Chevreul (par Roty), *revers*.

Maréchal Joffre (Nocq), le *Maréchal Foch* (Prudhomme), le *Maréchal Pétain* (Vernier et Dammann), le *Général Gouraud* (Dammann), le *Général Lyautey* (Dropsy et Vernier), le *Général Franchet d'Esperey* (R. Bloche), le *Général de Castelnau* (Dammann).

Les généraux et hommes d'État des pays Alliés figurent aussi dans la liste de ces médailles, ainsi le *Maréchal French*, par Blin, l'*Ambassadeur Myron Herrick*, par Legastelois.

La Victoire a été glorifiée par la *France sur le Rhin* et la *Signature du traité de paix de Versailles*, par Bénard ; le souvenir de ceux qui sont tombés pour la grande cause est rappelé par le *Soldat inconnu*, de Dammann.

On peut voir dans les diverses vitrines un choix des créations des artistes qui ont collaboré à l'histoire métallique de la Grande Guerre, ainsi que des autres graveurs de l'École Moderne ; parmi lesquels on peut citer : Baudichon, Bottée, Alexandre Charpentier, Coudray, Dautel, Deschamps, Grégoire, Herbe-

remarquable et conçue dans les traditions de son illustre maître.

.·.

L'attrait de la grande salle et son bon éclairage, ont engagé l'administration à y exposer, à côté des œuvres de nos graveurs, certaines séries particulièrement précieuses ou d'un intérêt spécial, telle une belle collection de lingots monétaires indo-chinois, ainsi que d'anciennes monnaies et des médailles du Cambodge. On trouve encore ici des souvenirs numismatiques franco-américains du xviiie siècle (médailles françaises aux effigies de Washington, Franklin, Paul Jones, du bailli de Suffren, de Lafayette, etc.), du xixe siècle, *Deuxième centenaire de la naissance de Benjamin Franklin*, par un graveur américain, d'origine française, Saint-Gaudens ; enfin la toute récente médaille de l'aviateur *Lindbergh*, éditée par la Monnaie.

Après la grande Salle, une petite pièce, que l'an-

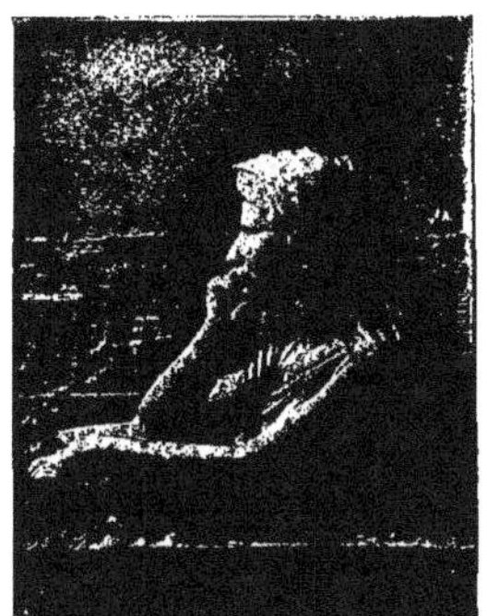

Méditation (par G. Dupré), *face.*

Méditation (par G. Dupré), *revers.*

cienne Commission des Monnaies avait affectée au cabinet des Essais, contient actuellement dans une vitrine, une collection de monnaies et médailles de Savoie, qu'un collectionneur d'Aix-les-Bains, M. Cl. Vuillermet, a tenu à voir, de son vivant, figurer dans le musée.

Médailles du XVIᵉ siècle
à la fin du règne de Napoléon III.

Cette pièce conduit aux deux salles consacrées aux médailles françaises anciennes. Un autre plan de classement a été appliqué ici. Dans ces séries, l'artiste était en quelque sorte mis au second plan, son œuvre étant destinée à conserver le souvenir des événements d'un règne et à glorifier le souverain. On a classé les pièces chronologiquement, afin de présenter, en quelque sorte, l'histoire de France sous forme métallique.

Les premières médailles de la série historique remontent au xviᵉ siècle. Elles furent frappées dans les ateliers de la *Monnaie du Moulin,* installés à la maison des Etuves, au bout du jardin du Palais, à Paris. Le Roi y fit établir, en 1551, tout un outillage nouveau de fabrication, qui comprenait des laminoirs, des découpoirs et des presses ou balanciers ; d'abord destinée à la frappe des espèces, cette Monnaie du Moulin eut bientôt le monopole de la frappe des pièces dites de plaisir, médailles et jetons. C'est dans cet atelier que furent fabriquées ces jolies médailles d'*Henri II* (1551), de *Diane de Poitiers,* de *Catherine de Médicis et de ses*

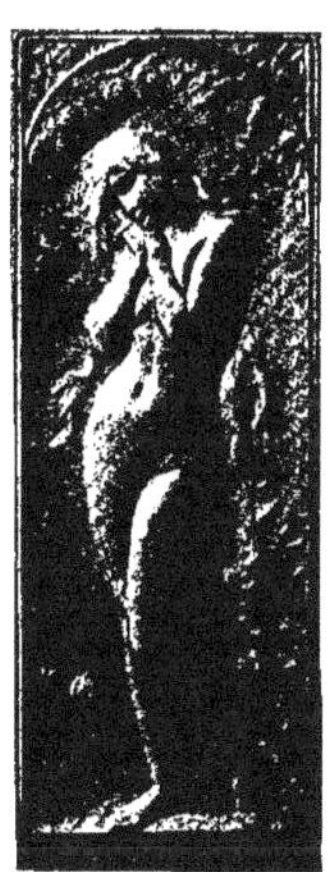

Ève (par Vernou.)

fils, de la *Fondation de l'ordre du Saint-Esprit* (1579), de la *Bataille d'Ivry* (1590), etc.

Lorsque la Monnaie du Moulin fut transférée au Louvre, elle changea de nom et devint le *Balancier du Louvre,* bientôt désignée sous le titre de *Monnaie des Médailles.* C'est au Palais du Louvre que furent frappées les médailles du *Sacre de la reine Marie de Médicis* (1610) et du *Cardinal de Richelieu* (1631 et 1634) ; ces dernières exécutées par Jean Varin, qui réunit entre ses mains les diverses charges de maître du Balancier du Louvre, de graveur général des Monnaies (1646) et de contrôleur général des effigies (1648).

Artiste d'un talent supérieur, mécanicien hors ligne, doué d'une activité extraordinaire, il sut donner au Balancier du Louvre un développement remarquable. Mais aucune règle n'avait été établie pour l'exécution des médailles historiques, le module étant choisi arbitrairement. Ce ne fut que bien après la mort de Jean Varin (1672) que la fabrication de ces médailles fut réglementée. L'Académie des Inscriptions et Médailles, créée en 1663, fut chargée, lorsque l'exécution d'une histoire métallique, dans des modules déterminés, fut décidée vers 1686, d'indiquer les sujets et les devises.

Les dessinateurs de l'Académie étaient choisis parmi les meilleurs artistes de l'époque ; c'étaient des peintres comme Antoine Coypel, Louis II Boullongne, des sculpteurs comme Edme Bouchardon et Pajou qui fournissaient au graveur le dessin du sujet à exécuter. Tous les grands graveurs qui collaborèrent à l'histoire métallique durent se soumettre à cette tutelle : Thomas Bernard, Chéron, les Duvivier, Gatteaux, Jean Leblanc, Mauger, Molart, les Roettiers, etc. Devenue manufacture royale, la Monnaie des

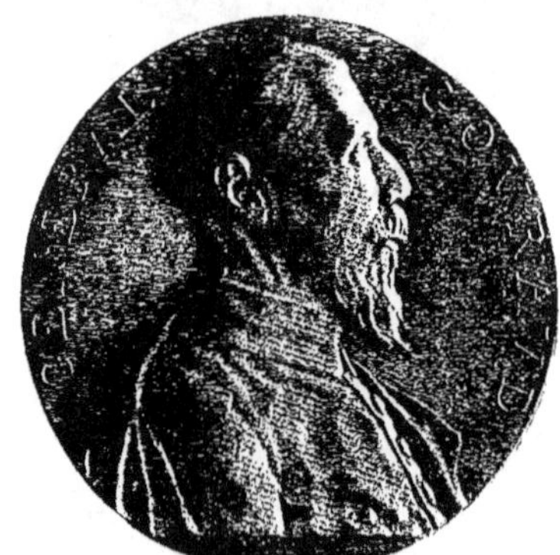

Entrée à Strasbourg du Gᵃˡ Gouraud (par Dammann), face.

Médailles prit une extension incomparable grâce à l'activité de son premier directeur, le célèbre orfèvre de Louis XIV, Nicolas de Launay (1696-1723), de son gendre Jules de Cotte (1723-1767) et du dernier titulaire de la charge, Jules-François de Cotte (1767-1803).

Amateurs éclairés et parfaits administrateurs, puissants à la Cour, encourageant les artistes, perfectionnant l'outillage, ils assurèrent la fabrication de cette admirable série métallique, qui de Louis XIV à

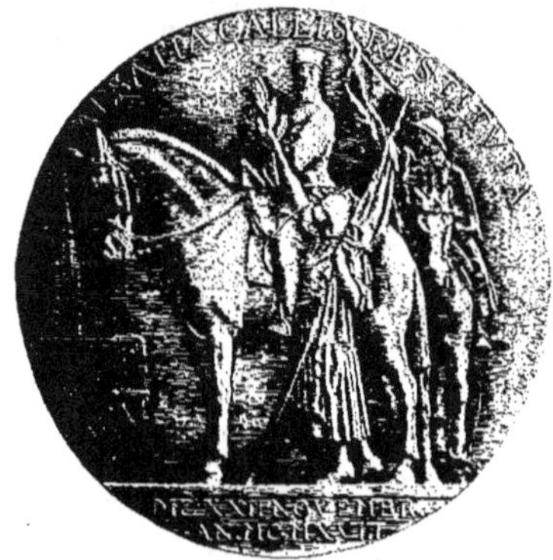

Entrée à Strasbourg du Gᵃˡ Gouraud (par Dammann), revers.

Louis XVI nous a consevé le souvenir de tous les événements importants de l'Ancien Régime, depuis la *Bataille de Rocroi* (1643), le *Sacre de Louis XIV* (1654), la *Conquête de la Franche-Comté* (1668), le *Passage du Rhin* (1672), la *Réduction de Strasbourg* (1681), la *Marine florissante* (1693), jusqu'à cette remarquable médaille de la *Devise de Louis XIV*, par François Varin. Sous Louis XV, ce fut *Pierre le Grand à Paris* (1717), le *Sacre du Roi* (1722), la *Bataille de Fontenoy* (1745), la *Construction de l'Hôtel des Monnaies* (1770). Sous Louis XVI : *Louis XVI et Marie-Antoinette* (1781) ; les médailles franco-américaines de *Washington* (1776), *Franklin* (1784), *Paul Jones* (1779).

Après la tourmente révolutionnaire, Napoléon Iᵉʳ reprit les traditions de la Monarchie et c'est à des artistes de talent, comme Bertrand Andrieu, Brenet, Caqué, Depaulis, Droz, Dupré, Gatte, Gayrard,

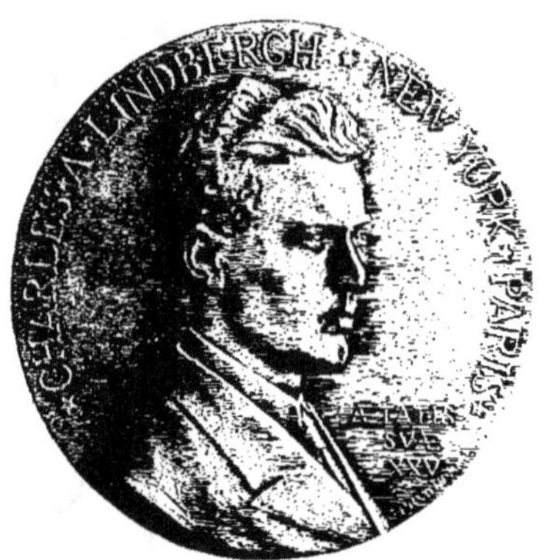

Charles Lindbergh (par Prudhomme).

Jaley, Michaut, Rogat, Tiolier, que s'adressa le nouveau maître de la France. Continuant les traditions du XVIIIᵉ siècle, ces graveurs ont pratiqué la même technique. Certaines de leurs productions sont de premier ordre. Parmi les médailles napoléoniennes, on peut citer : le *Passage du Saint-Bernard* et la *Bataille de Marengo* (1800), la *Paix d'Amiens* (1802), *Fête du couronnement* (An XIII), *Batailles d'Iéna* (1806), d'*Eylau* et de *Friedland* (1807), *Mariage de l'Empereur* (1810), *Baptême du roi de Rome* (1811).

Après le Premier Empire, l'histoire métallique est suspendue ; jusqu'à la fin du règne de Napoléon III ; plus d'ordre ni de méthode dans la frappe des médailles commémoratives ; c'est une véritable éclipse de la gravure des médailles, jusqu'à l'arrivée des maîtres de l'École Moderne. Cependant des règnes de Louis XVIII, Charles X et Louis-Philippe,

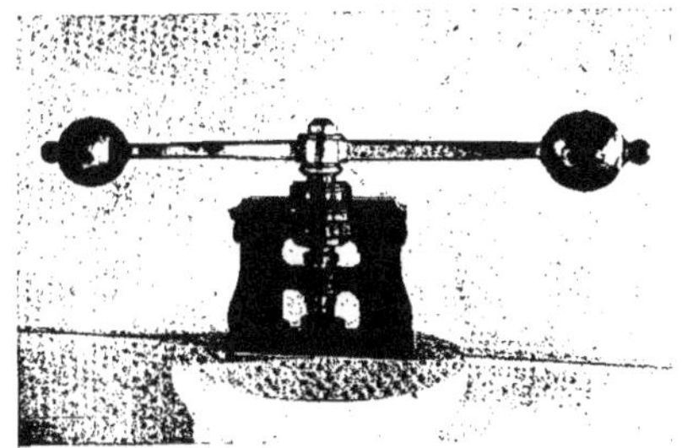

Balancier (époque Louis XVI).

on peut encore mentionner quelques belles pièces comme la *Naissance du duc de Bordeaux* (1820), *Mort du duc de Berry* (1820), le *Sacre de Charles X* (1825), *La famille Royale visite la Monnaie* (1833), *Loi sur les chemins de fer* (1842), extraordinaire spécimen d'une frappe d'une dimension tout à fait anormale (112 ᵐᵐ). Sous Napoléon III, le *Mariage de l'Empereur* (1855), l'*Exposition Universelle* (1855) et l'*Annexion de Nice et de la Savoie* (1860). Outre les graveurs survivants du Premier Empire, quelques nouveaux venus apparaissent, comme les Barre, Eugène et Alphée Dubois, Jeuffroy, Borrel, Bovy, Merley, Oudiné.

Les Monnaies françaises et étrangères.

Une grande salle, où se trouve exposé le beau portrait du médailleur Bertrand Andrieu, a été réservée aux monnaies. En deux vitrines placées dans les fenêtres, ont été réunies, des spécimens, en galvanoplastie, des plus beaux types de l'art monétaire de l'antiquité grecque et romaine, ce qui permettra au public de faire d'utiles comparaisons avec les productions des époques postérieures.

Une vitrine centrale, hexagonale, en acajou, et deux autres vitrines simples en chêne, contiennent les monnaies de l'Europe. On a désiré donner au public une idée des collections conservées dans le médaillier. Mais on a estimé devoir donner à notre collection nationale une importance toute particulière. Ainsi on verra réunis et classés chronologiquement, des spécimens de monnaies gauloises, des tiers de sou d'or mérovingiens, des deniers d'argent carolingiens, comme celui de Charlemagne (pour Mayence), des deniers des premiers rois capétiens, d'Hugues Capet (987-996) à Louis VIII (1223-1226).

C'est avec Saint Louis (1226-1270), qu'apparaît la première forte monnaie d'argent, le *Gros tournois*, qui valait 12 deniers, et que reparaît la monnaie d'or, le *Denier d'or à l'écu*, l'emploi monétaire de ce métal

précieux ayant été [abandonné à l'époque carolingienne. On voit alors se succéder jusqu'à la fin du xvᵉ siècle, à côté des *gros*, des *deniers tournois* et *parisis*, des *doubles tournois* et des *doubles parisis*, des *mailles*, des *blancs*, etc., en argent, toute une série d'espèces en or, qui dans leur module exigu, sont des modèles de composition décorative et attestent l'habileté des artistes du Moyen Age, le *Denier d'or à la reine* de Philippe III (1270-1285), le *Petit royal d'or* de Philippe IV (1285-1314), l'*Agnel d'ore* de Philippe IV, Louis X (1314-1316), et Charles IV (1322-1328), les remarquables monnaies de Philippe VI (1328-1350), *Lion d'or*, *Pavillon d'or*, *Chaise*, *Florin Georges* (saint Georges perçant le dragon de sa lance), *Ange*, *Double royal d'or* puis l'*Écu*, le *Mouton*, le *Royal d'or*, le *Florin*, le *Franc à cheval* de Jean le Bon (1350-1361), le *Franc à pied* et le *Franc à cheval* de Charles V (1364-1380), l'*Écu à la couronne*, le *Mouton*, l'*Écu heaumé* de Charles VI (1380-1422), le *Salut d'or* et l'*Angelot* d'Henri VI d'Angleterre (1422-1453), le *Royal*, l'*Écu* et le *demi-Écu* de Charles VII (1422-1461), l'*Écu au soleil* de Louis XI (1461-1483). A partir de la fin du règne de Louis XII (1498-1515) apparaissent sous l'influence de l'Italie, les premières monnaies à flanc épais, *les Testons*, ainsi nommées à cause de l'effigie (teste) royale qui y figure.

Sous Henri II (1547-1559), la Monnaie du Moulin ayant été installée à Paris, avec un nouvel outillage mécanique, des espèces remarquables sortirent de cet atelier et en particulier des *Henris d'or*, dont le type du revers, la *Gallia*, est inspiré d'une monnaie de l'empereur Trajan.

Parmi les nouvelles espèces émises au xvIᵉ siècle, se trouve le *Franc* (dont il existe des demis et des quarts) qui fut frappé à partir de 1576, et qui continua à être fabriqué sous Charles X (le cardinal

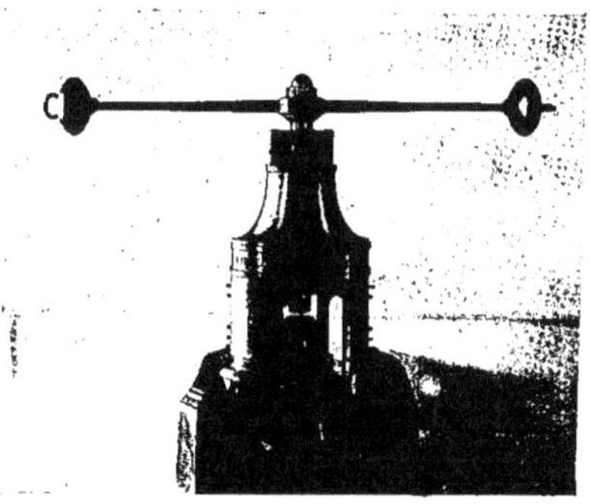

Balancier dit Austerlitz (cuivre de canons pris en 1805).

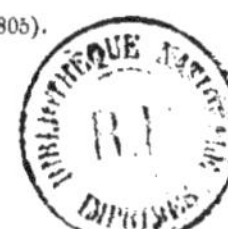

de Bourbon) 1590, sous Henri IV (1589-1610) et au début du règne de Louis XIII (1610-1643) ; c'est également sous Henri III que furent fabriqués les *quarts de l'écu d'or* (en argent) et les *huitièmes de l'écu* à partir de 1578.

La fin du règne de Louis XIII vit la grande réforme monétaire à laquelle présida Jean Varin ; c'est cet admirable artiste qui a gravé les poinçons des *Louis d'or* et des nouveaux *Écus blancs* désignés par extension sous le nom de *Louis d'argent*.

Jusqu'à la fin de l'Ancien Régime, continueront à être frappés des *Louis*, des *doubles Louis*, et souvent aussi des *demi-Louis* en or ; des *Écus* avec les divisions, en argent, diverses pièces divisionnaires en argent et en billon, des *Liards*, des *Doubles* et *Deniers*, puis des *Sols* et des *doubles Sols* en cuivre.

L'Écu de 6 livres est la dernière monnaie de l'ancien système monétaire avant l'adoption du nouveau système décimal ; le *Louis de Marengo*, cette jolie monnaie du graveur Lavy, frappée à Turin pour La Gaule Subalpine (Eridania) est une des premières pièces de 20 francs, de celles qui, lorsqu'elles porteront l'effigie impériale, circuleront dans le monde entier sous le nom de *Napoléons*.

A signaler parmi les monnaies des pays d'Europe, exposées dans cette salle, les nouvelles monnaies en nickel de *Belgique* et du Congo belge, celles de la *République de Portugal*, celles de la *Gaule subalpine*, de la *République cisalpine*, de Napoléon Ier, roi d'Italie, et les nouvelles monnaies divisionnaires en nickel d'*Italie*, celles des colonies d'*Espagne*. Pour la *Grande Bretagne*, les belles monnaies d'or (saint Georges terrassant le dragon) de la reine Victoria, d'Édouard VII et de Georges V ; les monnaies zodiacales de l'Inde ; l'*Autriche*, les thalers des empereurs (XVIe-XVIIIe siècles), République ; pour l'*Allemagne*, monnaies de Jérôme Napoléon, roi de Westphalie, colonies de l'Afrique orientale, République (Reich) ; pour la *Russie*, monnaies de Pierre le Grand, Nicolas II,

les Républiques soviétiques ; la *Hongrie*, les rois de Hongrie (XVIe-XVIIe siècles) ; l'empereur d'Autriche, François-Joseph Ier comme roi ; les *Pays-Bas*, Louis Napoléon, roi de Hollande, la reine Wilhelmine, colonies néerlandaises ; la *Suisse*, les Cantons, écus du tir ; la *Suède*, la *Norvège* et la *Finlande*, monnaies diverses ; la *Grèce*, la République de 1827, les rois Georges Ier et Constantin Ier, l'Ile de Crète ; *Yougoslavie*, *Bulgarie*, *Turquie*, *Pologne*, *Roumanie*, *Esthonie*, *Lettonie*, *Tchécoslovaquie*, monnaies diverses.

La salle suivante, en cours d'aménagement, sera consacrée à l'exposition d'un choix de monnaies d'Asie, d'Afrique et d'Amérique, ainsi que de médailles étrangères dans des cadres, où elles seront groupées de façon à présenter au public une sélection d'œuvres de graveurs de divers pays.

Dans la dernière salle seront réunis différents souvenirs numismatiques concernant l'Hôtel des Monnaies, les visites officielles, les hauts fonctionnaires de l'administration monétaire, les graveurs, etc., le tout rassemblé dans une vitrine placée sur une fort belle table Louis XVI provenant de l'ancien mobilier de la Monnaie.

Dans cette salle ont été remontés des panneaux en bois sculpté, avec une décoration d'ornements peints, ainsi qu'un plafond sculpté et décoré de même façon : le tout provenant de l'ancien Hôtel de Laverdy (le petit Hôtel de Conti), actuellement compris dans l'ensemble du bâtiment du quai de Conti, le seul vestige des constructions antérieures, conservé lors de la démolition sous Louis XV et respecté par l'architecte Antoine.

Ajoutons qu'une riche bibliothèque numismatique vient d'être jointe au Musée ; celle que M. le commandant A. Babut a léguée à la Monnaie et qui comprend environ 10 000 volumes ou brochures concernant les monnaies et les médailles.

FERNAND MAZEROLLE.

CHOIX DE MONNAIES FRANÇAISES DE CHARLEMAGNE A NAPOLÉON Ier

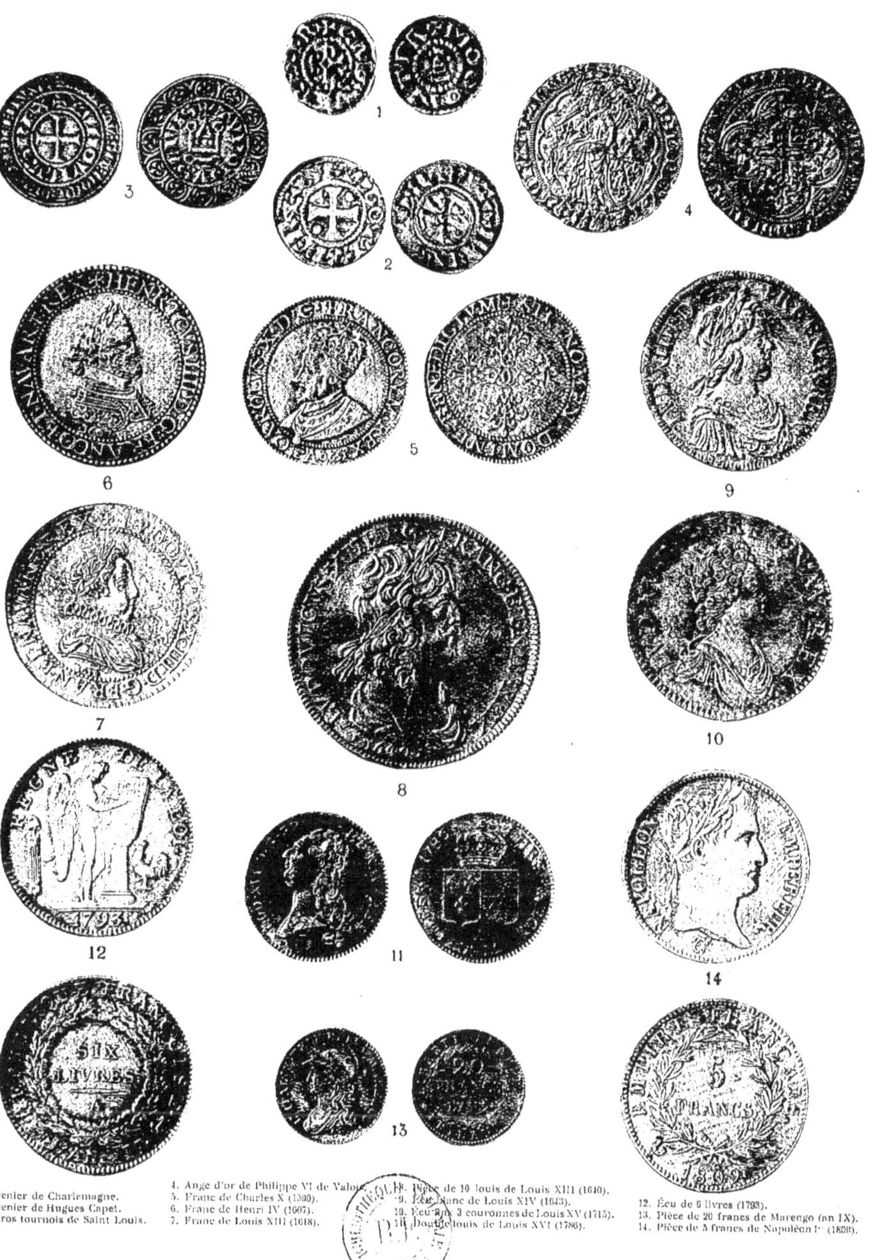

1. Denier de Charlemagne.
2. Denier de Hugues Capet.
3. Gros tournois de Saint Louis.
4. Ange d'or de Philippe VI de Valois.
5. Franc de Charles X (1590).
6. Franc de Henri IV (1607).
7. Franc de Louis XIII (1618).
8. Pièce de 10 louis de Louis XIII (1640).
9. Écu blanc de Louis XIV (1643).
10. Écu aux 3 couronnes de Louis XV (1715).
11. Double louis de Louis XVI (1786).
12. Écu de 6 livres (1793).
13. Pièce de 20 francs de Marengo (an IX).
14. Pièce de 5 francs de Napoléon Ier (1808).

BEAUX-ARTS

106, Boulevard Saint-Germain, Paris (6e)

www.ingramcontent.com/pod-product-compliance
Lightning Source LLC
LaVergne TN
LVHW012127170726
843501LV00008BC/3061